Auflage 2008
© Andreas Lilienthal
ISBN: 9783837067835
Umschlaggestaltung Andreas Lilienthal
unter Verwendung der nachstehend genannten Abbildungen
vorn V1 Rakete
http://www.lexikon-der-wehrmacht.de/Waffen/Fi103.htm
hinten V2 Rakete beim Start
http://www.lexikon-der-wehrmacht.de/Waffen/Fi103.htm
Gestaltung und Satz Andreas Lilienthal
Herstellung und Verlag: Books on Demand GmbH, Norderstedt

In Gedenken

den Opfern des Faschismus

Gewidmet

Meinen Eltern,

welche mich auf meinem bisherigen Weg

immer unterstützt haben.

Mythos Wunderwaffen

Die Deutschen Wunderwaffen am Ende des 2. Weltkrieges

Inhaltsverzeichnis

1. Vorwort

„Das gibt geradezu unheimliche Aussichten für
Einen Zukünftigen. Es wird möglich sein,
mit einem einzigen riesigen Raketengeschoss
ganze feindliche Städte zu zerstören, und all
unsere heutigen Verteidigungsmittel werden
dagegen machtlos sein.
Aber vielleicht wird gerade die Möglichkeit
So furchtbarer Waffen die Menschheit
Endlich zur Vernunft bringen."

Hermann Oberth (1933)[1]

Die Tatsache, dass die Produktion und der Einsatz der vermeintlichen Wunderwaffen als letzter Strohhalm des damaligen NS- Regimes am Ende des 2. Weltkrieges hunderte Autoren und Forscher nach Kriegsende beschäftigte, zeigt, welches Interesse beziehungsweise welche Faszination und Verblüffung dieses Thema bis in die heutige Zeit auslöst.

Auch in der heutigen Geschichtsforschung gibt es auf diesem Gebiet immer noch zahlreiche Legenden und Spekulationen.

Zu jener Zeit, beginnend 1944, war der Einsatz so genannter „Wunderwaffen" vor allem ein Mittel der Kriegspropaganda, zur Festigung des Durchhaltewillens des Deutschen Volkes. Vor allem der Einsatz der V1- Rakete, der das erste mal am 17. Juni 1944 erfolgte, wurde lang erwartet.

Schlagzeilen wie zum Beispiel: „Mit neuen Spreng-körpern größten Kalibers gegen London und Südengland"[2], im Völkischen Beobachter Berlin, schürten Hoffnungen auf den Endsieg in letzter Minute.

In Wirklichkeit hatte die deutsche Wehrmacht gegen-über den alliierten Streitkräften seine bis dato beses-sene Überlegenheit in der Waffentechnik seit 1942 zunehmend verloren.

Auch der Versuch einer kompletten Umrüstung der Luftwaffe sowie des Heeres und der Marine scheiter-ten, trotz neu eingesetzter Waffensysteme.

Doch welche Wunderwaffen besaß das „Dritte Reich" und welche kamen letztendlich zum Einsatz? Unter welchen Umständen wurden sie hergestellt und war-um ruhten auf ihnen so viele Hoffnungen? Auf diese Fragen werde ich in diesem Buch eingehen. Jedoch ist diese Arbeit lediglich ein Ausschnitt des Themas und bezieht sich auf einzelne Beispiele der sogenannten Wunderwaffen der Deutschen während der Zeit des Nationalsozialismus.

2. Die Luftrüstung in der Endphase des Zweiten Weltkrieges

2.1. Die Entwicklung der Raketen- und Strahlenflugzeuge

Die Entwicklung so genannter Raketen- und Strahlenflugzeuge war zu jener Zeit eine revolutionäre Entwicklung, ohne die die heutige Luftfahrt undenkbar wäre.

Vor und auch während des 2. Weltkrieges stützte sich die Luftfahrt auf propellergetriebene Kolbenmotorflugzeuge. Doch schon sehr schnell erkannten Wissenschaftler wie zum Beispiel Ernst Heinkel und Helmut Schelp, dass Propellerflugzeuge bei hohen Geschwindigkeiten an ihre Grenze stoßen würden. Diese Grenze konnte lediglich durch neue Antriebssysteme durchbrochen werden.[3]

Bereits seit 1936 wurde in Deutschland an der Erarbeitung eines Konstruktionskonzeptes sowie der Umsetzung einer Strahlenturbine für Jagdflugzeuge gearbeitet. Männer wie Hans Papst von Ohain für das Unternehmen Heinkel, Herbert Wagner beim Unternehmen Junkers oder Helmut Schelp vom RLM (Reichsluftfahrtministerium) setzten diese Projekte in die Tat um.

Im Jahre 1935 lernte Ernst Heinkel, Flugzeugbauer und Gründer der Heinkel Flugzeugwerke in Rostock-Warnemünde, einen jungen Mann namens Wernher von Braun kennen, welcher später Weltruhm durch die Konstruktion der V2 Waffe und vor allem durch seine spätere Tätigkeit am US- amerikanischen Raumfahrtinstitut erlangte.

Zu jener Zeit arbeitete Wernher von Braun als Mitarbeiter von Herrn Walter Dornberger für das Heereswaffenamt und war maßgeblich an der Konstruktion und Erprobung von Raketensystemen beteiligt. Von Braun bekam eine mehrköpfige Arbeitsgruppe sowie einen He 112- Kolbenmotorjäger der Firma Heinkel für Testzwecke zur Verfügung gestellt.

Von Braun hatte den Auftrag, ein selbstständiges Raketenflugzeug zu konstruieren, welches keine zusätzliche Motorenkraft brauche. Im Sommer 1937 glückte dieses Vorhaben das erste Mal bei einem Testflug.[4]

Auch Experimente mit dem sogenannten Turbinenluftstrahltriebwerk, welche vor allem von Hans Joachim Papst von Ohain unternommen wurden, unterstützte Heinkel. Er gab von Ohain die Entwicklung einer neuartigen Strahlturbine in Auftrag. Die Arbeiten an diesem Projekt sollten jedoch geheim ablaufen, ohne eine offizielle Stelle des Reiches in die Geschehnisse einzuweihen.

Schon im März 1937 konnte von Ohain erste Erfolge erzielen. Im Oktober 1938 begann man sich auch in der Abteilung Flugzeuge des Technischen Amtes für die Entwicklungen auf diesem Gebiet zu interessieren und es für staatliche Luftrüstungsprojekte zu nutzen. Bereits im Herbst 1938 wurde die Messerschmitt A.G. mit der Untersuchung für ein serienmäßiges Jagdflugzeug mit dieser neuen Turbinenluftstrahltechnik beauftragt. Dies kann man entwicklungstechnisch als die Geburtsstunde der bekannten Strahlenflugzeuge Me 163 und Me 262 sehen.

Ab diesem Zeitraum wurden die großen Flugmotorenhersteller vom Reichsluftfahrtministerium zur Entwicklung von Turbinentriebwerken gedrängt. Das RLM sandte den Firmen Spezialisten, welche die entscheidenden Impulse zur Weiterentwicklung und Zusammenarbeit brachten. Auf der nachfolgenden Seite können sie die Terminvorgaben des RLM auf dem Gebiet der Triebwerkentwicklung ab dem November 1938 in tabellarischer Form nachvollziehen.

Gerätemuster/Firma	Auslieferungstermin	Bemerkungen
Hellmuth Walter, Kiel:		
RII 205 Raketentriebwerk für Me 163	Nov. 1939	Triebwerk für Zellenstudien
RII 206 Raketentriebwerk für Me 194 (= DFS 194, der Vorläufer der Me 163), 300 kg Schub	Nov. 1939	Triebwerk für Zellenstudien
Heereswaffenamt:		
RII 102 Raketentriebwerk mit Alkohol/Sauerstoff für He 176	1.1.1940	
B.M.W.:		
LII 751 Turbinenluftstrahltriebwerk für Jagdflugzeug P 1065 (= Me 262), 600 kg Schub	1.7.1940	Bau von 4 Prüfstandgeräten
LII 752 Turbinenluftstrahltriebwerk 1400 kg Schub	Entwurf	
LII 756 Turbinenzweikreisluftstrahltriebwerk für Zerstörer	Erfahrungen über TL abwarten	Entwurf des Triebwerkes
LII 757 Turbinenluftstrahltriebwerk (gegenläufig), 600 kg Schub für P 1065 (= Me 262)	1.10.1940	Bau von 8 V-Mustern
LII 758 Turbinenluftstrahltriebwerk (gleichläufig m. 2stufiger Turbine), 600 kg Schub für P 1065 (= Me 262)	1.12.1940	Bau von 7 V-Mustern
Junkers:		
LII 401 Turbinenluftstrahltriebwerk für Jagdflugzeug P 1065 (= Me 262), 600 kg Schub	1.7.1940	Entwicklung und Bau von 8 V-Mustern
Ernst Heinkel Flugzeugbau Rostock:		
LII 302 Turbinenluftstrahltriebwerk für He 280, 600 kg Schub	1.4.1940	0-Serie von 60 Geräten

Terminaufstellung des RLM ab November 1939[5]

Anhand der vorangegangen Graphik kann man sehen, dass die Zeitvorgaben sehr knapp bemessen waren. Das Reichsluftfahrtministerium hatte an möglichst viele Firmen Aufträge vergeben, um am Ende die besten Produkte auszuwählen, da man durchaus wusste, dass die Zeit, welche man berechnet hatte bei dem derzeitigen Stand der Entwicklung nicht zu realisieren war und es deshalb viele Fehlversuche geben würde. Wolfram Eisenlohr damals Chef der Triebwerksentwicklung im Technischen Amt sprach sich 1942 über diese Vorgehensweise folgender Maßen aus:

„Das ganze Gebiet war absolutes Neuland und es konnte kaum Erfahrungen und Ergebnisse, sei es in der Entwicklung oder Forschung, zurückgegriffen werden. Weiterhin kam dazu, dass in Zukunft Gasturbinen einen sehr großen Anteil in der Gesamttriebwerksentwicklung haben werden, dass bei den einzelnen tragenden Entwicklungsfirmen auf dem Triebwerksgebiet ein Fundament in der Konstruktion und Entwicklung von solchen Triebwerken geschaffen wurde...Die verschiedenen Konkurrenzentwicklungen wurden so gesteuert, dass dabei durch Verschiedenheit der Lösungen alle offene Probleme einer Klärung zugeführt werden konnten. Maßgebend für diese Entscheidung war auch die Überlegung, dass wohl kaum ein vollständig neues Gerät, über dessen Verhalten keinerlei Erfahrungen vorlagen, sofort mit der

Erstkonstruktion in Serie gehen würde. Es war dabei sofort beabsichtigt, von den verschiedenen angelaufenen Entwicklungen zwei, die sich als am günstigsten herausgestellt haben, weiterzuentwickeln. "[6]

Diese Vorgehensweise stieß jedoch bei einigen Industriellen auf Gegenwehr, da sie es als Zeit- und Umsatzverlust für ihre Firmen sahen. Der leitende Direktor von BMW, Popp, sprach sich sogar für eine staatliche Entwicklungsstelle aus.

Im Jahre 1939 fand der erste geglückte Versuch eines Fluges der He 176 statt, der Start erfolgte vom Luftwaffenerprobungsstandort Peenemünde am 20. Juli 1939.

Auch Hitler wurde dieses erste Raketenflugzeug vorgeführt, doch anscheinend sollte es lediglich von der prekären Lage der Luftstreitkräfte ablenken, denn Generalluftzeugmeister Udet wendete sich mit folgenden Worten an Ernst Heinkel:

„Der Führer soll nur was Neues sehen. Da ist mir der komische Vogel eingefallen, und wenn er seine Platzrunde fliegt, langt das völlig. "[7]

Dem Führer, Adolf Hitler wurde zwar klar gemacht, dass sich die neuen Waffen- und Antriebssysteme lediglich in der Erprobungsphase befänden, doch ihm wurde der reale Zustand, dass die Maschinen höchstens in circa 2 bis 3 Jahren für die Serienproduktion fertig seien, vorenthalten. Ob man ihm jedoch bewusst die schier aussichtslose Situation nicht verständlich machen wollte oder konnte bleibt nur zu erahnen.

Jedoch konnte sich im Verlauf der ersten Kriegsjahre die Messerschmitt A.G. mehr profilieren als die Heinkelwerke, weshalb sie auch am 01. März 1940 vom RLM den Auftrag erhielt drei Muster eines Verfolgungsjagdflugzeuges mit einer Spitzengeschwindigkeit von 900 km/h zu bauen. Aus diesem Auftrag entstand die berüchtigte Me 262.

Die Entwicklung der Konkurrenzmaschine der Firma Heinkel, He 280 wurde aufgrund verschiedener Probleme bei der Erprobung ab dem Jahr 1941 nicht weiter gefördert.

Ein weiterer Auftrag ereilte die Messerschmitt A.G.. Mit der Me 163 sollte ein neuartiger Raketenjäger erbaut werden. Die Konstruktion seines Vorläufers stammte von Dr. Alexander Lippisch, welcher Konstrukteur bei der Deutschen Forschungsanstalt für Segelflugzeuge war, und nannte sich DSF 194. Das Reichsluftfahrtministerium legte großen Wert darauf, dass die Entwicklung der Triebwerke lediglich Sache der Motorenhersteller war, man wollte so Zeit gewinnen, in dem man die Aufträge an verschiedene Firmen (wie in der ersten Graphik sichtbar) verteilte. Die Flugzeugfirmen, wie zum Beispiel Messerschmitt sollten sich voll und ganz auf die Konstruktion der Versuchsmuster und den daraus entstehenden Maschinen widmen.

Doch die Annahme, dass man durch diese Vorgehensweise Zeit gewinnen könnte sollte ein Druckschluss sein. Denn in den meisten Fällen waren die Versuchsmuster lange Zeit vor ihren benötigten Triebwerken fertiggestellt. Aus diesem Grund standen die fertigen Muster oft monatelang nutzlos herum. Denn keiner der Hersteller konnte die vorgegeben Fristen einhalten. In manchen Maschinen wurden sogar noch einmal Kolbenmotoren eingebaut, damit sie überhaupt ausprobiert werden konnten.

Auch die ersten Starts mit den viel zu spät gelieferten Motoren von BMW verliefen alles andere als gelungen. Oft vielen sie sofort nach dem Start aus, was die Umstellung der Flugzeuge auf den Betrieb von Turbinen ohne zusätzliche Kolbenmotoren erneut erheblich erschwerte.[8]

Zusammengefasst kann man sagen, dass trotz dieser massiven Probleme und aufgrund der sehr geringen Zeitvorgaben für die Firmen, der Entwicklungstand der modernen Turbinentriebwerke, sowie der Strahlenflugzeuge und der Raketenflugzeuge in der Anfangsphase rasch fort schritt und sich das „Dritte Reich" so einen kleinen technischen Vorteil auf diesem Gebiet den Alliierten gegenüber erarbeiten konnten. Hilfreich dabei war die Kontrolle und Zusammenführung der einzelnen Projekte durch das Reichsluftfahrtministerium, ohne dessen Förderung die vielen privaten Projekte wahrscheinlich im Sande verlaufen wären.[9] Trotz der anfänglichen Skepsis konnte der Entschluss der Kontrolle und Überwachung durch die RLM dieser Projekte als gute Entscheidung gewertet werden.

2.2. Messerschmitt Me 262

Die Me 262 der Firma Messerschmitt wird allgemein als das erste einsatzfähige Flugzeug militärischer Art gehandelt, welches mit dem neuartigen Strahltriebwerk (Düsenantrieb) ausgerüstet war.

Die Messerschmitt A.G. begann im Jahre 1938 mit der Entwicklung, dabei wurde sie von ihrem Auftraggeber dem Reichsluftfahrtministerium unterstützt. Bereits im Jahre 1940 wurden 3 Prototypen in Auftrag gegeben. Wie im vorangegangen Kapitel beschrieben verteilte das RLM den Auftrag für das Triebwerk an die Firma BMW, sie sollte ein Triebwerk für das luftstrahlgetriebene Jagdflugzeug mit der Bezeichnung P- 3302 herstellen.[10]

Da wie schon in dem vorhergehenden Kapitel dargelegt, die Motoren durch verschiedenste Probleme auf sich warten ließen, musste die Maschine den ersten Start mit einem Kolbenmotor der Firma Junkers mit der Bezeichnung Junkers Jumo 210- G absolvieren.

Dieser erste Flug fand am 18. April 1941 statt. Auch der erste Start mit dem sehnlichst erwarteten Strahltriebwerk von BMW am 25. März 1942 war kein Erfolg. Die Maschine musste auf Grund von Triebwerkproblemen direkt nach dem Start wieder landen. Erst am 18. Juli 1942 konnte man den ersten erfolgreichen Versuch in Leipheim verbuchen. Jedoch war das

Strahltriebwerk diesmal von der Firma Junker, sie wurde als leistungsstärker als das Triebwerk von BMW eingeschätzt.[11] Diese bis dato entwickelten BMW Triebwerke kamen indes in der Arado Ar 234 zum Einsatz. Diese erreichte mit vier BMW 003 Motoren eine Höchstgeschwindigkeit von circa 885 km/h, bei einer maximalen Steighöhe von 10.000 m und einer Gesamtreichweite bei vollem Tank von 1.400 km. Arado produzierte zu jener Zeit einige Kleindüsenflugzeuge.

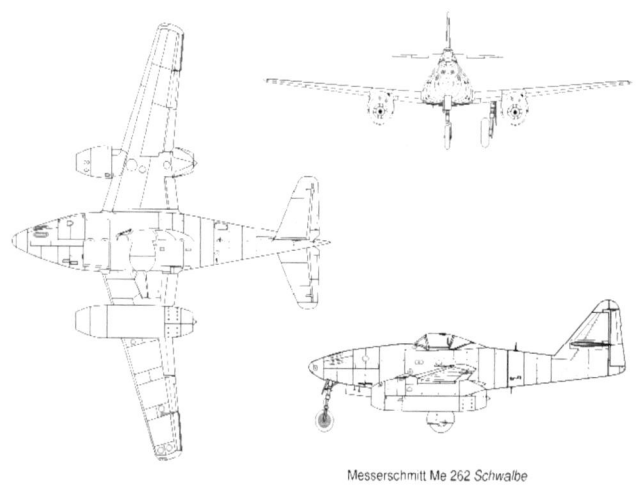

Messerschmitt Me 262 *Schwalbe*

Zeichnung einer Me 262[12]

Adolf Hitler traf nach der Vorführung der Me 262 einen folgenschweren Fehler.

Er wollte die Messerschmitt als Bomber einsetzen, doch dafür war sie gar nicht konzipiert. Sie war eher als wendiger und überdurchschnittlicher Abfangjäger entwickelt. Durch die zusätzlichen Gewichte der circa 250 kg schweren Bomben verlor sie erheblich an Geschwindigkeit, damit ging auch dieser erarbeitete Vorsprung gegenüber den Alliierten verloren.

Man versuchte Hitler umzustimmen und von einer Kehrtwende seines Befehls zu überzeugen.

Doch diese Versuche misslangen. Die Me 262 flog ihre ersten Kampfeinsätze als Bomber im Jahre 1944.[13]

Erst am Ende des Krieges wurde die Me 262 wie üblich vorgesehen verstärkt als Jagdflugzeug eingesetzt. Obwohl die Lage aussichtslos war und die Bedingungen absolut nicht optimal, errangen die Me 262- Verbände große Erfolge. Wie zum Beispiel das Jagdgeschwader von Johannes Steinhoff (III./ JG 7), dass bei 6 eigenen Verlusten 60 Abschüsse alliierter Maschinen verbuchen konnte. Die Alliierten wussten durchaus von der Stärke der Me 262 und versuchten sie mit aller Macht und Aufwendungen schon am Boden auszuschalten. Bombenangriffe auf deutsche Militärflughäfen waren folglich an der Tagesordnung.

Die deutsche Luftwaffe hatte diesen gegnerischen Angriffen, abgesehen von einer leichten Flack nichts entgegenzusetzen. Auch die Produktion wurde durch die feindlichen Bombenangriffe immer schwieriger. Die Fertigung musste auf viele einzelne Betriebe, verstreut im ganzen Land, verteilt werden. Die endgültige Montage fand in der Nähe von Leipheim statt. Die kleine schwäbische Stadt an der Donau wurde besonders durch den Jungfernflug der Messerschmitt Me 262 sowie der Serienproduktion der Messerschmitt Me 321 und der Messerschmitt Me 323 bekannt.

Me 262A, Jagdbomber Geschwader Lechfeld Juli 1944[14]

Insgesamt verfügten die deutschen Luftstreitkräfte über 1.433 Me 262, jedoch kamen im Laufe des Krieges nie mehr als circa 200 Flugzeuge dieser Art gleichzeitig zum Einsatz. Ein Großteil der fertiggestellten Flieger erreichten nicht einmal die Front, sondern wurden schon auf dem Weg dorthin durch alliierte Bombenangriffe zerstört.

Auch der erhebliche Treibstoffmangel am Ende des Krieges und auch der Mangel an ausgebildeten Piloten ließ einen Fronteinsatz in großem Ausmaß scheitern, obwohl besonders die SS zum Kriegsende hin versuchte, eine serielle Produktion dieses revolutionären Flugzeuges anlaufen zu lassen. Vor allem in den letzten Monaten der Produktion waren viele KZ- Häftlinge an der Herstellung beteiligt. Viele dieser Häftlinge kamen bei den Arbeiten sowie bei den Angriffen ums Leben. Mit allen Mitteln sollte eine serienmäßige Produktion gewährt werden, dieses Unternehmen scheiterte jedoch schon sehr früh.

Nach Kriegsende wurden viele Modelle der Me 262 in die USA und die Sowjetunion gebracht und dort untersucht und weiterentwickelt.

Durch ihre überdurchschnittliche Geschwindigkeit kann man zusammengefasst sagen, dass die Me 262 in ihrer Nutzung als Jagdflugzeug ein äußerst revolutionärer Typus war, durch den die Luftstreitkräfte auf diesem Gebiet gegenüber den Alliierten einen enormen technologischen Vorsprung gehabt hätten, ob sie jedoch gegen die Überzahl der alliierten Flugzeuge ein Mittel hätte sein können, ist sehr fraglich.

Technische Daten: **Messerschmitt Me 262 A- 1a**

Kenngröße	**Daten**
Länge	10,60 m
Flügelspannweite	12,65 m
Flügelfläche	21,70 m^2
Höhe	3,84 m
Landegeschwindigkeit	175 km/h
Besatzung	1
Rollstrecke	1300 m
Flugzeit auf 9000 m	13,2 min
Reichweite	1050 km
Dienstgipfelhöhe	11.450 m
Gesamtflugzeit	50- 90 min

Karikatur von Ernst Udet und Kurt Schmittke 1938/39[15]

Deckblatt der Lehrmappe des Strahltriebwerkes Jumo 004 1944[16]

2.3. Die Messerschmitt Me 163

Die Messerschmitt Me 163 war ein mit Raketenantrieb ausgestatteter Abfangjäger. Durch seine enorme Geschwindigkeit sowie der extremen Steigleistung sollte es eine sehr wirksame Waffe gegen feindliche Bomber werden.

Als Vorlage für den Abfangjäger dienten die Studien von Konstrukteur Prof. Alexander Lippisch sowie sein erstes Versuchs- Modell namens DSF 194, welches unter Punkt 2.1. schon einmal erwähnt wurde. Als Raketentriebwerk sollte ein Model der Helmuth Walter Werke (HWK) dienen. Doch auch in diesem Fall konnten die Triebwerke nicht fristgerecht geliefert werden.

So mussten auch diesmal die ersten Testflüge ohne die entsprechenden Triebwerke stattfinden. Der erste Kampfeinsatz erfolgte letztendlich am 16. August 1944. Es gelang bei diesem Einsatz sogar der Abschuss zwei US- amerikanischer B- 17 Bomber. Anfangs standen dem Jagdgeschwader 400 lediglich 30 Maschinen des Typs Me 163 zur Verfügung. Jedoch konnte auch diese Wunderwaffe die Anforderungen nicht annähernd erfüllen. Durch die geringe Einsatzzeit von gerade einmal 10 Minuten und diversen Schwierigkeiten beim Zielanflug konnte der Flieger nicht effektiv genug wirken und hatte am Ende des Kampfeinsatzes nur 9 Abschüsse amerikanischer Bomber verbuchen können.

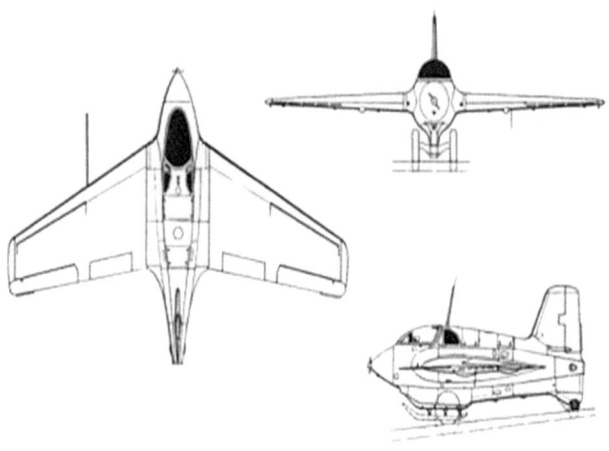

Zeichnung einer Me 163[17]

Des Weiteren wurde die Maschine bei Piloten als Todesfalle bekannt, da sie durch die Hohe Geschwindigkeit oftmals beim Landen zerbrach oder explodierte. Circa 350 Maschinen konnten bis zum Ende des Krieges gebaut werden, wobei die letzten Flieger mangels Treibstoff nicht mehr zum Kampfeinsatz kamen.

Denn der Treibstoffverbrauch war um einiges höher als ursprünglich bei der Planung erwartet wurde. Insgesamt wurde die Wirkung der Messerschmitt 163 grundlegend überschätzt.

In Form und Geschwindigkeit durchaus revolutionär, doch im Kampfeinsatz nicht effektiv genug. Da der Aufwand im Endeffekt höher als die Effektivität war, wurden 1944 sämtliche Pläne zur Weiterentwicklung verworfen.

Me 163 B bei der Truppenerprobung in Brandis beim JG 400[18]

verschiedene Tarnbeispiele[19]

Technische Daten: **Messerschmitt Me 163 B- 1**

Kenngröße	Daten
Länge	5,92 m
Flügelspannweite	9,33 m
Flügelfläche	18,50 m^2
Höhe	2,74 m
Landegeschwindigkeit	170 km/h
Besatzung	1
Flugdauer mit Antrieb	8 min
Bewaffnung	2 x MG 151/20
Reichweite	100 km

2.4. Die V- Waffen

Hitler erkannte schon lange vor dem Krieg, dass England als Bündnispartner gewonnen werden müsse, um einen erfolgreichen Krieg zu führen. *„ Wollte man in Europa Grund und Boden, dann konnte dies im Großen und Ganzen nur auf Kosten Russlands geschehen...Für eine solche Politik allerdings gab es in Europa nur einen einzigen Bundesgenossen: England. Nur mit England allein vermochte man, den Rücken gedeckt, den neuen Germanenzug zu beginnen. "*[20]

Als Hitlers Englandpolitik scheiterte, wollte er die englische Regierung mit einer Invasion zu Verhandlungen zwingen. Doch auch Hitler wusste, dass dieses Vorhaben nur gelingen konnte, wenn die britischen Luftstreitkräfte, Royal Air Force genannt, bezwungen werden konnte. Die Folge dieser Überlegungen ist allgemein als der Luftkampf um England bekannt, welcher am 13. August 1940 begann und dem Deutschen Reich eine zerschmetternde Niederlage bescherte.

Die Royal Air Force sowie der Durchhaltewillen der britischen Bevölkerung waren einfach zu stark für die deutschen Luftstreitkräfte, die bis dahin als überlegen galten. Ferner konnten die britischen Bomben ab 1942 sogar noch erheblichen Schaden auf deutschem Boden verursachen. Hitler ordnete ab diesem Zeitpunkt nun auch Angriffe gegen die Hauptstadt Englands, London an.

„Haben Sie einmal die Karte von London angesehen? Es ist so eng gebaut, dass ein Brandherd allein ausreichen würde, die ganze Stadt zu zerstören, wie schon einmal vor über 200 Jahren."[21]

Die Aussage traf Hitler gegenüber Albert Speer Ende des Jahres 1940. Doch auch diese Maßnahme war nicht wirklich effektiv genug. Vorerst legte Hitler seine Luftangriffe gegen England auf Eis, da er die geballte Kraft der Luftstreitkräfte an anderen Kriegsschauplätzen brauchte.

Die zunehmenden Erfolge der britischen Bomber im Vernichtungskampf gegen deutsche Städte wie zum Beispiel Lübeck am 28. März 1942 und der einsetzende Rückzug im Russlandfeldzug zwangen Adolf Hitler dazu den Luftkampf mit England wieder aufzunehmen.

Doch den sogenannten V- Waffen stand er recht skeptisch gegenüber. Seine Unentschlossenheit wirkte sich später auch hemmend auf die Entwicklung und Anwendung dieser Raketengattung aus.[22] Auch bei Besuchen und Vorführungen in der Heeresversuchsstelle Kummersdorf zeigte er sich meistens recht desinteressiert. Einzig das Scheitern der regulären Truppen im Luftkampf konnte Adolf Hitler in seiner Meinung gegenüber den Raketenprojekten umstimmen. So stuf te er das Projekt der Raketenforscher in Peenemünde und Kummersdorf in die zweithöchste Dringlichkeitsstufe ein. Besonders den Reichsminister für Aufklärung und Propaganda, Joseph Goebbels erleichterte diese Entscheidung, da er nun die sogenannten Vergeltungswaffen als Wunderwaffen für den Endsieg propagieren konnte und somit den Durchhaltewillen der deutschen Bevölkerung versuchen konnte zu stärken.

2.4.1. Die Fieseler Fi 103 (V1)

Die Fieseler Fi 103, besser bekannt durch den Namen V1, welcher von Joseph Goebbels geprägt wurde, war ein unbemanntes Flugzeug, welches zusätzlich mit Sprengstoff geladen war. Es gilt heute als der erste eingesetzte Marschflugkörper der Welt.

Die V1 war der Start einer Reihe von Vergeltungswaffen, die gegen England eingesetzt werden sollten um die Wende im Zweiten Weltkrieg doch noch herbei zu führen.

Diese erste Vergeltungswaffe wurde konstruiert von Robert Lusser, von der namensgebenden Firma Fieseler und Fritz Gosslau, der der Firma Argus angehörte, welche das Triebwerk für diesen unbemannten Marschflugkörper herstellte. Hitler wollte mit dieser Waffe das Herz Englands, die Hauptstadt London, ausbluten. Die Planung für solch ein Flugzeug begann schon einige Jahre vor Kriegsbeginn.

Sie wurde unter dem Decknamen „Kirschkern" und das „Vulkanprogramm" der Luftwaffe aufgenommen.[23] Dies war das Raketenprojekt der Deutschen Luftwaffe. Der erste Start mit einem Versuchsmodell fand jedoch erst im Jahre 1942 am 24. August in der Erprobungsstelle der Luftwaffe in Peenemünde statt.

Der Flieger erhob sich von einer Startrampe aus in die Lüfte. Es wurden eigens mobile Rampen erfunden, damit die alliierten Aufklärer das Projekt nicht allzu schnell entdeckten. Durch die leichte Bauweise des

Triebwerks galt es als billigere und effektivere Waffe als der Einsatz und die Entwicklung schwerer Bomber. Am 12. Juli 1944 fand der erste Kampfeinsatz der Fieseler Fi 103 statt. In den Morgenstunden des darauffolgenden Tages explodierte der erste Marschflugkörper in der Hauptstadt Englands.

Die Militärs dachten eine äußerst effektive Waffe im Luftkampf gegen England gefunden zu haben, doch dies stellte sich bald als Irrtum heraus. Denn mit einer Geschwindigkeit von etwa 600 km/h war die Fieseler Fi 103 durchaus von den schnelleren Jagdmaschinen der Royal Air Force erreichbar.

Außerdem gab die V1 ein typisch knatterndes Geräusch von sich, wenn sie zum Sinkflug ansetzte. Damit war sie nicht wie geplant eine unberechenbar auftauchende Waffe, sondern die Bevölkerung konnte sich auf die Angriffe vorbereiten und die Luftschutzbunker heimsuchen.

Schon in den dreißiger Jahren wurden von dem Münchner Diplomingenieur Paul Schmidt erste Versuche unternommen, dass Staustrahltriebwerk von dem Franzosen Lorin weiterzuentwickeln.

Seine Weiterentwicklung des Hauptrohres dieses Treibwerkes wurde später „Schmidt Rohr" genannt. Schon im Jahr 1934 brachte Schmidt die Idee dieses Triebwerk in Verbindung mit einem fliegenden Torpedo einzusetzen. Jedoch wurde seine Idee schnell als Utopie verworfen. Die Gerhard- Fieseler- Flugzeugbau- Werke, unter der Leitung von Chefkonstrukteur

Robert Lusser nahmen sich diesem Projekt an. Sie entwickelten eine kleine Flugzelle, welche mit sogenannten Stummelflügeln versehen war und welches mit jenem Schmidt Rohr angetrieben werden sollte. Nach zahlreichen Unterredungen und Versuchskonzepten wurde 1941 schließlich der Befehl zur Weiterentwicklung gegeben.

Die Fieseler Fi 103 wurde in späteren Jahren auch weiterentwickelt und in weiteren Modellen sogar als bemanntes Fluggerät konstruiert.

V1 Rakete im Armeemuseum Brüssel[24]

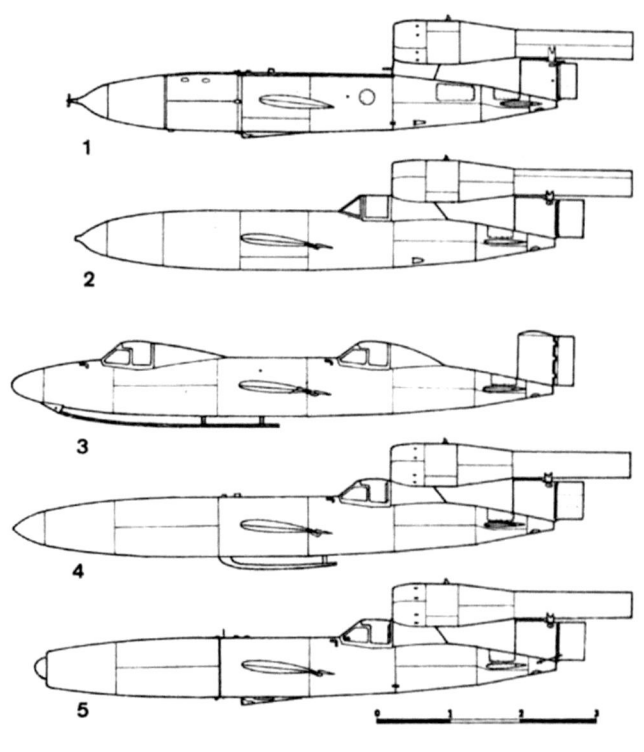

Weiterentwicklung der Fieseler Fi 103 (V1)[25]

Insgesamt wurden 8.892 Flugkörper vom Boden aus gestartet, sowie 1.600 aus der Luft. Jedoch trafen nur 4.907 ihr Ziel. Dabei detonierten im Stadtgebiet von London 2.419 Maschinen und in Antwerpen/ Brüssel 2.488. Über die Hälfte der Flugkörper konnten schon vor dem Einschlag vernichtet werden. Trotz der relativ geringen Trefferzahl gab es eine hohe Zahl an Opfern. Allein in London starben bei Angriffen der V1 6.184 Menschen und doppelt so viele wurden verwundet. In Belgien wurden über 15.000 Menschen verwundet beziehungsweise getötet.

Jedoch lahmte die Vergeltungswaffe 1 ihrem Ruf, welcher durch Joseph Goebbels geprägt wurde hinterher.

Eine erbeutete Fieseler Fi 103 in Polen[26]

Technische Daten: **Fieseler Fi 103 (V1)**

Kenngröße	**Daten**
Länge	7,742 m
Flügelspannweite	5,30 m
Antrieb	Argus As 014 Pulso-Schubrohr mit 335 kp Max-Schub
Marschgeschwindigkeit	576 km/h in 760 m Höhe
Reichweite	257 bis 286 km
Treffergenauigkeit	Im Umkreis von ca. 12 km
Fluggewicht	2.160 kg
Bewaffnung	847,11 kg Sprengkopf aus Amatol

eine Fi 103 im feindlichen Flakfeuer[27]

2.4.2. Aggregat 4 (V2)

Die A4 Rakete wurde unter ihrem Namen V2 (Vergeltungswaffe 2) weltberühmt beziehungsweise gefürchtet. Den Namen V2 verlieh ihr Reichsminister für Aufklärung und Propaganda Joseph Goebbels, der diese Waffe als das Mittel zum Endsieg propagierte. Es war eine ballistische Artillerie Rakete mit einer enormen Reichweite. Eingesetzt wurde sie erst im vorletzten Kriegsjahr, dem Jahr 1944. Die Entwicklung und Planung einer solchen Rakete begann jedoch schon Anfang der Dreißiger Jahre. Als erste entwickelte Flüssigkeitsrakete wurde die A1 bekannt, welche in der Heeresversuchsstelle Kummersdorf prodoziert wurde.

Ihr erster Start am 21. September 1932 endete in einer Katastrophe. Sie explodierte kurz nach dem Start. Mit einer Länge von gerade einmal 140 cm glich sie noch in keiner Form der späteren A4 Rakete.

Erst der Start der weiterentwickelten A2 brachte die ersten Erfolge auf diesem Gebiet. Ihr erster Start erfolgte im Dezember 1934 auf Borkum.

Bei diesem Start stieg die Rakete circa 2.200 m und konnte damit als durchschlagender Erfolg verbucht werden.[28]

Die finanziellen Mittel lieferte die Abteilung Entwicklung des Heereswaffenamtes. Doch ab 1936 sollten lediglich weitere Geldmittel fließen, wenn eine militärische Verwendung der Rakete nachgewiesen werden konnte. Der Wissenschaftler Wernher von Braun, Technischer Direktor der Heeresversuchsanstalt Peenemünde arbeitete jedoch schon an einem Nachfolgermodell, einer noch größeren Rakete, das sogenannte Aggregat 3. 1936 wurden dem Generaloberst von Fritsch, dem Oberbefehlshaber des Heeres verschiedene Raketen vorgeführt.

Dieser war davon so beeindruckt, dass die Entwicklungsstelle Kummersdorf nun ab sofort offiziell in den Finanzetat des Heeres aufgenommen wurde.

Der Entwicklung einer äußerst zerstörerischen Militärrakete stand nun nichts mehr im Wege.

Doch die Teststarts der A3 machten weitere Entwicklungsphasen nötig. Denn alle 4 Starts mussten als Fehlstarts registriert werden. Bereits im gleichen Jahr lief die Entwicklung der A4 Rakete an, welche nun von vornherein als Kriegsrakete konzipiert werden sollte. Die Forscher dieses Projektes bekamen nun auch zusätzliche Hilfe von Feldmarschall von Brauchitsch, General Olbricht und General Fromm.[29]

Die Rakete sollte bereits 1942 zum Einsatz kommen. Auch das Testgebiet wurde von Kummersdorf in ein sich weit erstreckendes Gebiet nach Peenemünde verlagert. Für mehrere Millionen Reichsmark wurden Labors, Windkanäle und Rechenzentren errichtet. Man wollte bei diesem wichtigen Projekt nichts dem Zufall überlassen. Für die spätere Produktion wurden insgesamt 20.000 Mitarbeiter eingesetzt. Die gesamte finanzielle Aufwendung für die Entwicklung der Rakete sowie der Errichtung der Versuchsanstalt Peenemünde können aus heutiger Sicht lediglich geschätzt werden, da Originaldokumente fehlen. Es wird von einer Summe in Höhe von etwa 550 Millionen Reichsmark ausgegangen.[30]

Von Brauchitsch ordnete einen sofortigen serienmäßigen Produktionsstart der A4 Rakete nach Beendigung der Entwicklung an.[31]

Man hatte an dieses Projekt sehr große hoffnungsvolle Erwartungen. Peenemünde wurde in die oberste Dringlichkeitsstufe eingeordnet. Die Heeresleitung wollte das Vorhaben schnellst möglich erfolgreich beenden und die Waffe zum Einsatz bringen. Um diese Vorgaben zu erfüllen kamen in Peenemünde nun auch Zwangsarbeiter zum Einsatz. Ein wesentlicher Punkt zur erfolgreichen Entwicklung des Projektes war die Ernennung von Albert Speer zum Reichsminister für Bewaffnung und Munition am 9. Februar 1942.[32]

Er war ein großer Befürworter der Rakete und förderte den Bau mit zusätzlichen finanziellen Mitteln, damit die Entwicklungsphase möglichst zeitig zum Erfolg führen konnte. Der erste Test des Aggregat 4 fand im März des Jahres 1942 statt. Doch erst am 3. Oktober 1942 konnte man einen erfolgreichen Start der Rakete beobachten. Die sogenannte V2 erreichte circa eine fünffache Schallgeschwindigkeit und eine ungefähre Gipfelhöhe von 85 km. Die Engländer erkannten schnell die Gefahr und versuchten die V2-Versuchsanstalten in Peenemünde durch einen großen Angriff zu zerstören. Durch die Aktion „Hydra" gelang dieses Vorhaben weitgehend. Die Entwicklung und Serienfertigung der Rakete musste verlagert werden. Der Windkanal zum Beispiel wurde an den Kochelsee verlagert und die gesamte Entwicklungsstelle musste nach Garmisch- Patenkirchen ausweichen. Die Serienfertigung fand von nun an im Harz statt, wo extra für dieses Unternehmen gigantische unterirdische Fabriken bei Nordhausen und Bleicherode gebaut wurden.

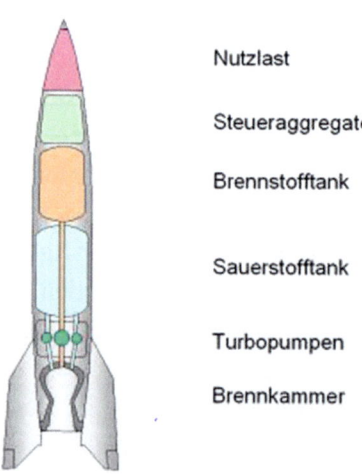

Nutzlast

Steueraggregate

Brennstofftank

Sauerstofftank

Turbopumpen

Brennkammer

Aggregat 4 unterteilt in seine Baugruppen[33]

Die Hauptziele der V2, welche ab 1944 mit der Rakete beschossen wurden, waren vor allem London und Antwerpen. Die V2 war besonders gefürchtet, da sie im Gegensatz zu der V1 unerwartet in ihr Ziel Einschlug. Durch ihre mehrfache Schallgeschwindigkeit hörte man den Anflug erst nach dem Einschlag und der darauffolgenden Detonation. Über 3.200 Raketen dieses Typus kamen bis zum Kriegsende 1945 zum Einsatz wobei 1.358 Angriffe auf London gerichtet waren und 1.610 auf die belgische Stadt Antwerpen. Die Zahl der Opfer dieser Angriffe kann aus heutiger Sicht lediglich geschätzt werden. Meist wird von 8.000 Opfern der Raketenangriffe mittels der V2 berichtet.

Die polnische Heimatarmee gelang es am 20. Mai 1944 eine über polnischem Gebiet abgestürzte V2 Rakete in ihren Besitz zu bringen. Man lieferte diese nur wenige Tage später dem britischen Militär, wo sie auseinandergebaut und analysiert wurde. Auch nach dem Krieg war das Interesse der Alliierten an diesem militärtechnischen Wunderwerk enorm.

So wurden mehrere Aggregat 4 Raketen als Beutegut in die Vereinten Nationen verschifft und dort getestet und weiterentwickelt. Aus heutiger Sicht wird die Entwicklung des Aggregat 4 als technischer Grundstein für die unbemannte und bemannte Raumfahrt gesehen. Zusammengefasst muss man jedoch sagen, dass die V2 trotz der vielen geforderten Opfer ihr Ziel als gewinnbringende Wunderwaffe verfehlte. Dies hatte mehrere Gründe. Zum Einen wurde mit der intensiven Entwicklung zu spät begonnen, da Hitler dem Projekt Anfangs sehr skeptisch gegenüberstand und die V2 Rakete eher als Notlösung einstufte. Zum Anderen war die Zielstreuung bei Angriffen auf Grund von Fehlinformationen bis zum Schluss des Krieges viel zu hoch. Der V2 haftet jedoch bis in die heutige Zeit der Mythos einer Wunderwaffe an, welchen Joseph Goebbels zu der damaligen Zeit mit Erfolg verbreitete. Schon am 8. Februar 1943 wurde bemerkt: *„Die Frage sei heute nicht mehr, wie lange es noch bis zum Sieg dauere, sondern wie lange wir den Krieg noch mit Aussicht auf ein günstiges Ende durchhalten können.“*[34]

Und bereits am 29. Oktober 1942 ließ Goebbels verlauten: *„…eine lebhafte Propagandaaktion über neue Waffen und Waffenwirkungen ist unabdingbar…“*.[35]

Dabei erwähnte er lange Zeit nicht, um welche neuen Waffen und Waffensysteme es sich handele und brachte dabei keineswegs irgendwelche Phantasiezahlen unter die Bevölkerung sondern schürte ihr Interesse und ihre Hoffnungen auf einen baldigen Sieg.

Dabei rückte vor allem der spätere Name der neuen Waffen „Vergeltungswaffen" in den letzten Kriegsjahren entscheidend in den Vordergrund, auch wenn sie letztendlich die Hoffnungen vieler zum Glück nicht erfüllen konnten.

Geheime Kommandosache

DAS GERÄT

A4

BAUREIHE B

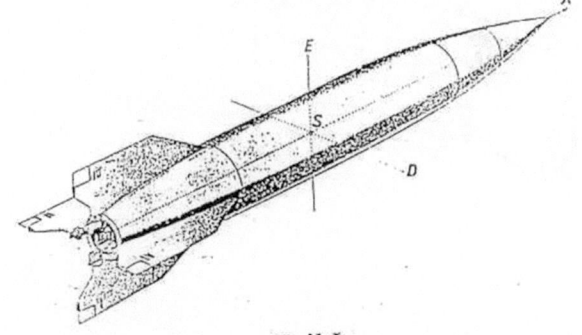

Teil I
GERÄTEBESCREIBUNG

V2

Vom 1. 2. 45

Cover des Handbuches der V2[36]

2.4.3. Die militärische Wirkung der V- Waffen

„Seit den gewaltigen Verlusten von Bombenflugzeugen anlässlich der Angriffe auf England 1940 waren ich und meine Mitarbeiter davon überzeugt, dass eine für uns unglückliche Luftkriegsentscheidung im Westen, wenn überhaupt, nur noch durch den Einsatz automatisch gesteuerter Flugkörper größter Reichweite und Wirkung aufgehalten werden konnte. Den fortgesetzten Verlust kostbaren fliegenden Personals konnte sich die Luftwaffe auf die Dauer nicht leisten."[37]

Walter Dornberger, Leiter des Raketenprogramms, erfasste die militärische Situation in der Luftschlacht mit England sehr früh. Auch für die Leitung des Heeres sowie die führenden Köpfe des NS- Regimes war bewusst, dass nur noch der Erfolg der V- Waffen eine Wende in diesem Krieg herbeiführen konnte.

Doch zurückblickend konnten die V- Waffen die Erwartungen nicht erfüllen und die Ausfälle der deutschen Bombengeschwader nicht kompensieren. Ihr größtes Problem dabei war die Steuerung der Raketen. Insgesamt trafen zu wenig Raketen ihr Ziel, was zum Einen auch daran lag, dass den deutschen falsche Treffer- und Einschlagmeldungen von ihren in England stationierten Spionageagenten übermittelt wurden, da diese schon auf die alliierte Seite gewechselt waren.

Trotz dessen war die Furcht der Alliierten vor diesen „Wunderwaffen" groß, obwohl die Meinungen zwischen Churchill und Eisenhower komplett auseinander gingen. Inwieweit die Meinung Churchills ein eventuelles Zugeständnis seiner Furcht unterbinden sollte, sei dahingestellt. Eisenhowers Meinung war folgende:

„Es war anzunehmen, dass unsere Invasion in Europa sich als äußerst schwierig, vielleicht sogar als unmöglich erwiesen hätte, wenn es den Deutschen gelungen wäre, diese neuen Waffen 6 Monate früher fertig zu stellen. Ich bin überzeugt, dass das Unternehmen ‚Overload' hätte ausfallen müssen, wenn es dem Feind gelungen wäre, diese Waffen 6 Monate früher einzusetzen, besonders dann, wenn er den Raum von Portsmouth und Southampton zu einem seiner Hauptziele gemacht hätte."[38]

Damit schätzte Eisenhower die Situation meiner Meinung nach realistisch ein, doch Churchill erwiderte darauf.

„Diese Behauptung ist übertrieben. Die durchschnittliche Fehlleistung beider Waffen hat über 15 km betragen. Selbst wenn die Deutschen Hundertzwanzig Stück täglich abgefeuert hätten und überhaupt keine von uns abgeschossen wurden wäre, hätte ihre Wirkung den Abwurf von 2 bis 3 Eintonnenbomben pro Quadratmeile und Woche nicht übertroffen."[39]

Doch zusammengefasst muss man sagen, dass ein Krieg allein durch den Einsatz der V- Waffen auch nicht hätte gewonnen werden können. Ein früherer

Einsatz hätte jedoch den Krieg sicherlich sinnloser Weise um weitere Monate wenn nicht sogar Jahre verlängert. Als Grundstein für die Entwicklung von kriegsentscheidenden Waffen in der Folgezeit dienten die V- Waffen allemal. Zumal sie desweiteren ein wichtiger Baustein zur Erforschung der Raumfahrtindustrie waren.

London nach einem Einschlag einer V2 Rakete[40]

3. Entwicklung Chemischer Waffen in der Zeit des Nationalsozialismus

Der Einsatz chemischer Waffen im Krieg war immer die größte Furcht des Gegners. Jedoch bestand diese Furcht nicht erst seit dem 2. Weltkrieg, sondern reicht schon einige Jahrhunderte zurück.

Aufgrund ihres enormen Tötungspotentials und ihres unerwarteten Auftretens war ein Einsatz dieser Waffen immer das schlimmste Szenario, welches man sich vorstellen konnte.

Schon früher wusste man diese Art der Kriegsführung zu nutzen, um ganze feindliche Armeen mit geringen Mitteln zu vernichten beziehungsweise außer Gefecht zu setzen.

So versuchte man schon seit dem frühen Mittelalter, Wasservorräte einer feindlichen Stadt oder feindlicher Armeen mittels Tierkadaver zu vergiften oder unbrauchbar zu machen. Jedoch lassen sich viele dieser Versuche nicht mehr nachvollziehen, da sie lediglich durch Erzählungen oder geringen Aufzeichnungen weitergetragen wurden.

Als die erste chemische Waffe gilt bis heute das sogenannte „Griechische Feuer", welches eine starkbrennbare Mischung aus Salpeter darstellte.

Auch erste Gasangriffe reichen bis zum Peloponnesischen Krieg, welcher von 431 bis 404 v. Chr. stattfand zurück. In diesem Krieg wurde aus einer Mischung von Schwefel und Teer Schwefeldioxid erzeugt und gegen die feindlichen Armeen eingesetzt.

Oft scheiterte der Einsatz sogenannter chemischer und bakterieller Kampfstoffe an dem Gewissen der Oberbefehlshaber. So kam der Vorschlag vom Einsatz von Chlorgranaten während des Amerikanischen Bürgerkrieges, doch er wurde abgelehnt, da man solch ein Vorgehen als zu inhuman ansah.

Bereits im Jahre 1899 auf der Haager Friedenskonferenz sollte der Einsatz von chemischen Waffen durch einen Vertrag geächtet werden. Doch eine Nein Stimme der US Delegierten ließ den Vertrag platzen.

Der 1. Weltkrieg wurde besonders durch den Einsatz von chemischen Waffen zu einem wahren Horrorszenario. Als erste setzten die Deutschen solche Waffen in einer Kriegshandlung ein.

Sie verwendeten gegen die Russen an der masurischen Front im Jahre 1915 Chlor. Bereits zwei Jahre später folgte der Einsatz von Senfgas. Jener Kampfstoff wurde das erste Mal bei der Schlacht um Ypern eingesetzt. Verätzungen, Erblindung und inneres Zerfressen der Organe waren die Folgen solcher im 1. Weltkrieg eingesetzten Kampfstoffe.

Besonders die deutschen forschten auch nach dem 1. Weltkrieg weiter fleißig an neuen Kampfstoffen.

„Keine Gasmaske und kein anderes Schutzmittel, sagt man, schützt vor diesem Gas."[41]

Dieser Satz stammt aus einem Artikel einer französischen Militärzeitschrift aus dem Jahre 1933.

Das I.G. Farben Werk stellte zu dieser Zeit tatsächlich ein neuartiges Gas her, welches zu Kriegszwecken hätte verwendet werden können.

Eventuell handelte es sich dabei um einen Vorläufer der Nervengase Tabun beziehungsweise Sarin. Bis zum Kriegsbeginn 1939 lief die Entwicklung und die Herstellung der Nervengase nur im kleinen Rahmen. Diese Tatsache sollte sich jedoch mit dem Beginn des 2. Weltkrieges schnell ändern.

Im Jahre 1940 in Dyhernfurth an der Oder sollte eine neuartige moderne Produktionsstätte für die Herstellung von Tabun gebaut werden. Es sollten monatlich 3.000 Tonnen geliefert werden. Auch die I.G. Farben bekam im Jahre 1943 den Auftrag Sarin Anlagen zu bauen.

„Kriegsauftrag. Es werden hiermit bei bahnmäßiger Verpackung frei Eisenbahnwagen des Herstellungsortes in Auftrag gegeben: Einrichtung einer Versuchsanlage Sarin I., Richtpreis 500.000 RM"[42]

Es ist jedoch nicht genau bekannt, wie viel chemische Kampfstoffe im Deutschen Reich bis zum Kriegsende hergestellt werden konnten. Laut einer Schätzung eines Mitarbeiters der I.G. Farben nach Kriegsende kam die nachfolgende Tabelle zum Vorschein.

Kampfstoffherstellung in Deutschland bis 1945 in Tonnen

Kampfstoff	IG-Farben-Werke	Firmen, an denen die IG zu über 70% beteiligt ist	andere Firmen	Summe
Chloracetophenon	3 000	—	4 000	7 000
Adamsit	3 000	—	—	3 000
Phosgen	—	5 000	—	5 000
Arsinöl	—	—	7 000	7 000
Clark	—	—	1 000	1 000
Oxol-Lost	—	—	22 000	22 000
Direkt-Lost	—	2 000	—	2 000
Stickstoff-Lost	—	—	2 000	2 000
Tabun	—	12 000	—	12 000
Summe:	6 000	19 000	36 000	61 000

die Kampfstoffherstellung bis 1945[43]

An dieser Tabelle, welche wie schon erwähnt auf
Schätzungen beruht, kann man trotzdessen sehr gut
beobachten, welche Kampfstoffe in welcher Größen-
ordnung allein von den I.G.- Farben- Werken und
dessen Partnerfirmen hergestellt wurden.
Viele Historiker haben Forschungen angestellt, welche weiteren Firmen an dieser Herstellung beteiligt
waren, doch aufgrund zahlreicher fehlender Dokumente ist es schwer auf genaue Zahlen und Fakten
einzugehen. Florian Schmaltz hat in seinem 2005 er-
schienen Buch „Kampfstoff- Forschung im Nationalsozialismus" versucht näher auf dieses Thema einzugehen und hat so ein großartiges Überblickswerk
erschaffen.

Glücklicher Weise setzten weder die Deutschen noch die Alliierten Kräfte ihre chemischen Waffen während des Zweiten Weltkrieges ein. Obwohl man dazu sagen muss, dass es aktuellen Forschungen und Vermutungen nach durchaus von den Seiten der Alliierten einen Einsatz von einer Art Napalmbombe beim Bombenangriff über Dresden gegen habe. Jedoch möchte ich auf diese Spekulationen nicht näher eingehen.

Das die Deutschen ihre Giftgasvorräte nicht einsetzten, könnte man damit erklären, dass Adolf Hitler annahm, dass auch der Feind chemische Waffen entwickelt hatte und im Ernstfall einsetzen würde. Er fürchtete also den alliierten Gegenschlag und die Vergeltungsmaßnahmen der Alliierten bei einem Giftgasanschlag der Deutschen. Anderen Deutschen NS-Größen war dieser Faktor gänzlich egal.[44] So wollten Joseph Goebbels und Ley unbedingt den Einsatz chemischer Kampfmittel. Auch die Alliierten hielten sich vorerst zurück. Dies beweist auch die Aussage Winston Churchills, welche er gegenüber seinem Oberbefehlshaber der britischen Streitkräfte entgegenbrachte: *„Ich wünsche von Ihnen, dass sie ernsthaft über das Problem, Gas anzuwenden, nachdenken. Ich würde es nicht einsetzen, sofern es nicht nachgewiesen werden kann, a) dass es für uns um Leben oder Tot geht oder b) dass es den Krieg um ein Jahr verkürzen könnte. Es ist absurd, dieses Thema von der moralischen Seite zu* *betrachten, da es (das Gas) im letzten Jahr jeder, ohne irgendeinen Einspruch der Moralisten oder der Kirche benutzt hat...Wir könnten die Städte an der Ruhr und viele andere Städte Deutschlands derart überschütten, dass der größte Teil der Bevölkerung eine ständige medizinische Betreuung benötigt. Wir könnten sämtliche Aktivitäten an den Abschussbasen der fliegenden Bomben (V1- Waffen, mit denen die Deutschen englische Städte bombardierten)zum erliegen bringen. Ich sehe nicht ein, warum wir immer die ganzen Nachteile des Gentlemen in Kauf nehmen sollen, während sie sich der ganzen Vorteile des Schurken erfreuen. Es gibt Zeiten, in denen es so sein darf, aber nicht jetzt. Ich bin völlig damit einverstanden, dass es einige Wochen oder sogar Monate dauern kann, bis ich sie bitten werde, Deutschland mit Giftgas zu durchtränken; und wenn wir es tun sollten, dann sollte es hundertprozentig sein. Ich wünsche, dass die Angelegenheit in der Zwischenzeit von vernünftigen Leuten kaltblütig durchdacht wird, und nicht von diesen psalmensingenden uniformierten Miesmachern, die einem hin und wieder über den Weg laufen. "*[45]

Man erkennt an dieser Ansprache, dass auch die Alliierten durchaus in bestimmten Situationen keineswegs damit gezögert hätten, Giftgas einzusetzen. Solch ein Angriff wäre für Deutschland und seine Bevölkerung verheerend gewesen. Besonders, da man zu diesem Zeitpunkt die volle Wirkung dieser Giftgase auf größere Bevölkerungsteile noch nicht erprobt hatte.

Es ist also einzig und allein der abwartenden Haltung aller Kriegsmächte zu verdanken, dass der Zweite Weltkrieg ohne groß angelegten Giftgaseinsatz vorüber ging. Nur wenige Vorantreiber der Giftgasentwicklung der I.G. Farben wurden bei den Nürnberger Prozessen zu Haftstrafen verurteilt.

4. Hitlers Uranprojekt

Die in Historikerkreisen am meisten diskutierte Frage ist, wie weit waren die Deutschen mit der Konzeptionierung und einem eventuellen Bau einer Atombombe? Die Meinungen dabei gehen weit auseinander und die Forschungen zu diesem Thema stecken meiner Meinung nach noch in den Kinderschuhen. Dies liegt auch daran, dass viele Geheimdokumente erst spät oder zum Teil gar nicht an die Öffentlichkeit gelangten. Auf der einen Seite wird behauptet, dass die Deutschen 1945 mit der Entwicklung einer Atombombe auf dem Stand der Amerikaner im Jahre 1942 gewesen sein. Für diese Meinung steht zum Beispiel stellvertretend der New Yorker Historiker Mark Walker. Doch im März 2005 veröffentlichte der deutsche Wirtschaftshistoriker Rainer Karlsch sein umstrittenes Buch „Hitlers Bombe", in dem er mit neuen geheimen Dokumenten aus den sowjetischen Archiven aufwarten konnte. Bekannt ist jedenfalls, dass am Ende des Jahres 1938 Fritz Strassmann, Otto Hahn und Lise Meitner die Kernspaltung entdeckten. Bereits ein Jahr darauf wurde das Kriegsministerium auf die militärische Einsatzfähigkeit der Kernspaltung aufmerksam.
Schon Ende des gleichen Jahres wurde eine Forschungseinrichtung auf dem Gelände der Heeresversuchsstelle Kummersdorf eingerichtet. Die Leitung dieser Anstalt wurde Kurt Diebner übertragen.

Das ganze Unternehmen bekam den Namen „Uranprojekt". Es sollten weitere fähige Mitarbeiter und Forscher für dieses Projekt aus dem ganzen Land für die Versuchsstelle Gottow verpflichtet werden. Es wurde in den laufenden Jahren ein Uranbrenner konzipiert, woraufhin das Heereswaffenamt 1942 eine Anfrage startete, inwieweit man schon bereit wäre, eine Atombombe zu bauen.

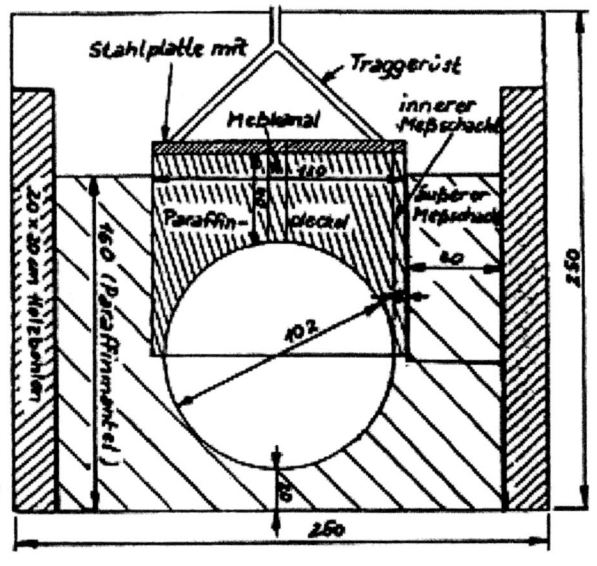

Modell eines Uranbrenners[46]

Aus heutiger Sicht ist anzumerken, dass die deutschen Forscher durchaus

schon in den Jahren 1942/43 im Stande gewesen wären, eine Atombombe zu entwickeln, jedoch stand ihnen zu wenig Uran und Schweres Wasser zur Verfügung.[47]

Denn die Produktion des Schweren Wassers, welche in Norwegen stattfand, wurde durch englische Bombenangriffe zum Erliegen gebracht.

Im Februar 1942 gaben Wissenschaftler, welche an dem Projekt arbeiteten zu, dass man ohne weiteres aus der Kernenergie eine Waffe entwickeln konnte, jedoch nicht innerhalb der kommenden zwei Jahre. Daraufhin wurden dem Uranprojekt die finanziellen Mittel gekürzt, da man kurzfristig nicht daran glaubte, dass es kriegsentscheidend wirken könnte.

1943/44 wurde das Projekt nach Thüringen verlagert. Mittlerweile wussten auch die Amerikaner und die Sowjets von den geheimen Arbeiten an dem Uranprojekt. Oberstes Ziel der Alliierten war die vollständige Zerstörung der Atomforschungsinstitutionen in Kummersdorf und Thüringen sowie in Leipzig, wo Werner Heisenberg ebenfalls physikalische Untersuchungen anstellte. Der endgültige Luftschlag erfolgte am 15. März 1945. Damit war auch dieses Projekt beendet. Wie weit man zu diesem Zeitpunkt wirklich mit der Konstruktion einer Atombombe war, lässt sich auf Grund verschiedener Geheimhaltungen und dem Fehlen wichtiger Unterlagen heutzutage nur schwer nachvollziehen. Laut Karlsch entwarf jedoch Heisenberg schon im Jahre 1941 eine Art Plutonium-bombe. Desweiteren führt er in seinem Buch Augen-zeugenberichte und einen Bericht sowjetischer Spione an, welche einen Bombenversuch am 4. März 1945 in Thüringen beobachtet haben wollen, bei dem hunderte Kriegsgefangene und Konzentrationslagerinsassen umgekommen wären.

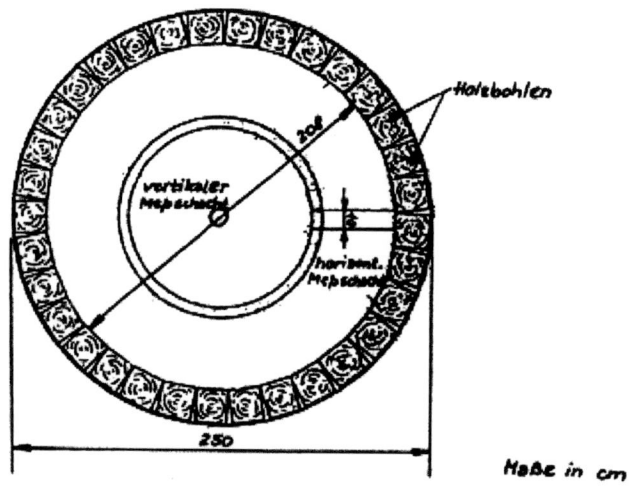

Uranbrenner in der Draufsicht[48]

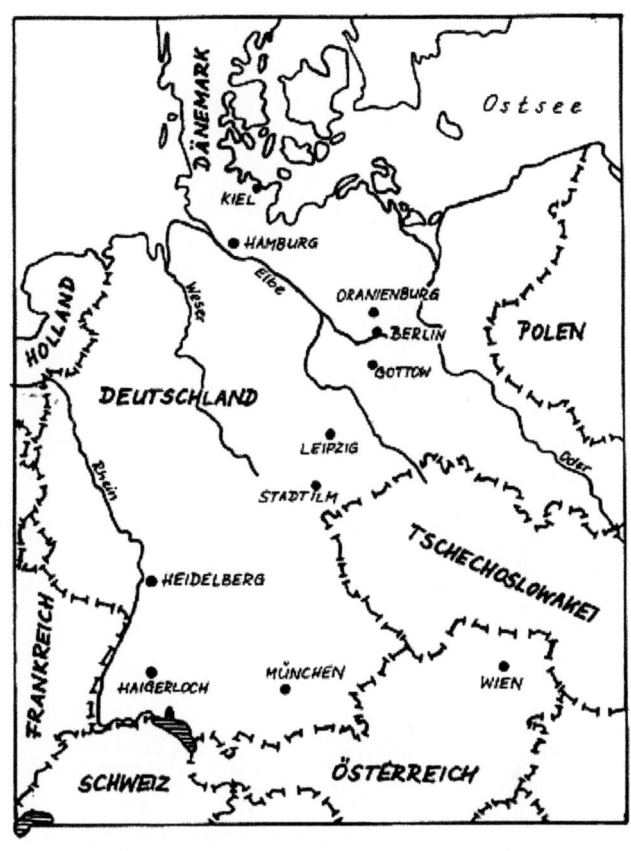

Standortübersicht
Die wichtigsten deutschen Kernforschungsarbeiten 1939 - 1945

Standorte von Kernforschungsarbeiten[49]

5. Mythos Flugscheibe

„Als der Zweite Weltkrieg aufhörte, hatten die Deutschen eine Reihe grundlegend neuartiger Fluggeräte und Lenkraketen entwickelt. Die Mehrzahl davon befand sich erst im Anfangsstadium. Aber sie sind die einzigen bekannten Fluggeräte mit Flugeigenschaften, die denen der Flugobjekte in UFO- Sichtungen gleichen. „[50]

Als letztes möchte ich mich kurz und überblicksartig einem sehr heiklen Thema widmen, der Mythos der Flugscheiben zur Zeit des Nationalsozialismus. Um dieses Thema ranken sich seit Beendigung des Krieges viele Mythen und Spekulationen. Desweiteren ist es ein nahezu perfektes Feld für Verschwörungstheorien. Es werden immer neue Gerüchte laut es wäre deutschen Wissenschaftlern gelungen, eine völlig neue Art von Flugobjekten zu entwickeln und zu erbauen.

Bereits kurz nach dem Krieg, als das allgemeine Medieninteresse sich besonders den deutschen Vergeltungswaffen widmete, sollen laut verschiedenen Quellen weitere Dokumente zu bis dato unbekannten Flugobjekten aufgetaucht sein. Zahlreiche Verschwörungstheoretiker behaupten, es werden selbst heutzutage noch brisante Dokumente, Baupläne und Patente bewusst zurückgehalten, um eine mysteriöse Wahrheit zu verbergen. Viele Bücher und Berichte auf diesem Gebiet, enthalten jedoch bloße Behauptungen und Vermutungen, die keineswegs auf irgendwelche Fakten aufgebaut sind. Fakt ist, dass durchaus mehrere Gesellschaften, wie zum Beispiel die Vril- oder Thulegesellschaft oder auch der SS- Orden Schwarze Sonne mit der Entwicklung solcher sogenannten Flugkreisel beschäftigt waren.

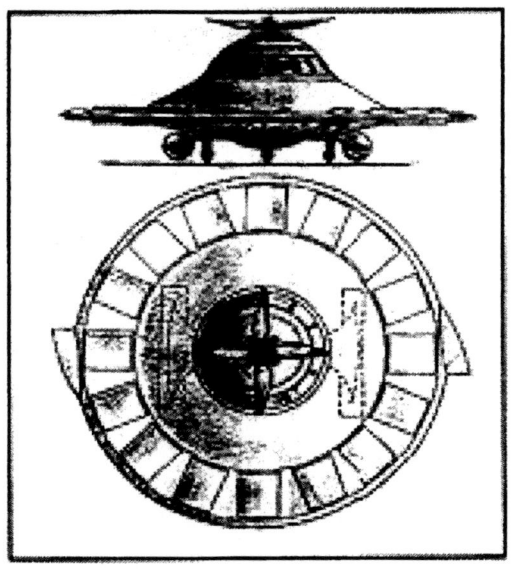

Modell für eine Flugscheibe von Andreas Epp von 1941[51]

So zum Beispiel auch der Konstrukteur Andreas Epp, welcher schon im Jahre 1944 mit der Entwicklung einer „Flugscheibe" angeblich abgeschlossen haben soll. Er hat auch nach 1945 an weiteren Projekten gearbeitet. Jedoch muss man kritischer Weise sagen, dass es nie ausreichend Belege gab, welche diese Theorien und Aussagen von Mitarbeitern, Konstrukteuren oder auch so genannten Ufo Forschern hätten beweisen können. Deshalb bleibt dieses Themengebiet bis zum eventuellen Auftauchen von womöglich verschollenen Dokumenten sicherlich ein Bereich, der auch in Zukunft weitere Mythen und Sagen hervorbringen wird.

6. Nachwort

Die Fragestellung im Hintergrund dieses Buches war, welche neuartigen Technologien während der letzten Phase des Zweiten Weltkrieges auf deutscher Seite entwickelt wurden, beziehungsweise nach ihrer Entwicklung auch zum Einsatz kamen. Es kam bei der Untersuchung dieses Themengebietes zum Vorschein, dass die Forscher und Konstrukteure durchaus bahnbrechende Erfindungen in jener Zeit getätigt haben. Allein die Konstruktion der Düsentriebwerke und verbunden damit die Entwicklung der Messerschmitt Me 262 sowie die Entdeckung der Raketentechnik, wie beim Aggregat 4, die sogenannte V2 (Vergeltungswaffe 2) oder auch der Forschung an einer innovativen und von ihrer Zerstörungskraft noch nie dagewesenen Bombe, einer eventuellen Atombombe beziehungsweise die Versuche mit Uran und Schwerem Wasser zeigen wie weit der Stand der Technik am Ende des Zweiten Weltkrieges war. Desweiteren befand sich das Deutsche Reich im Besitz von hochgiftigen chemischen Kampfstoffen, dessen Einsatz verheerende Auswirkung gehabt hätte.

Nun stellte sich natürlich die Frage, warum halfen die neuartigen Technologien nicht bei der von Hitler ersehnten Wende im Zweiten Weltkrieg? Diese Frage wurde in den einzelnen vorhergehenden Kapiteln gelöst. Es waren jeweils mehrere Faktoren, warum diese

Technologien nicht beziehungsweise recht erfolglos zum Einsatz kamen. Die meisten dieser sogenannten Wunderwaffen sollten auf Grund der Kriegsentwicklung ohne nennenswerte Erprobungsphase an die Front gelangen, da die Zeit drängte. Doch diese Zeitvorgaben reichten in den meisten Fällen nicht aus, um eine komplett taugliche Waffe zum Einsatz zu bringen, wie bei der Me 163, der V1 oder auch der V2. In anderen Fällen wollte man Zurückhaltung üben, da man Angst vor einen grauenvollen alliierten Gegenschlag auf diese Maßnahmen befürchtete, wie bei einem eventuellen Einsatz von chemischen Kampfstoffen.

Zusammengefasst kann man sagen, dass durch all diese glücklichen Umstände der Bevölkerung ein länger andauernder Krieg, zu welchem er zweifelsohne geworden wäre, wenn man die nötige Zeit bei der Entwicklung gehabt hätte, erspart blieb. Einzig dem Gebiet der Kriegspropaganda, welche von Joseph Goebbels betrieben wurde, half der Mythos der „Wunderwaffen". Er konnte so immer wieder bei einer Mehrheit den Glauben an den Endsieg durch den Vorsprung im technologischen Zeitalter etwas schüren. Wobei bei diesem Satz die Betonung auf „etwas" liegen sollte. Auch der Fakt, dass diese Waffen und Technologien der Grundstein für spätere bahnbrechende Erfindungen war, ist unumstritten. Ich hoffe ich konnte einen gerafften Einblick in die Welt der Wunderwaffen des Zweiten Weltkrieges geben.

7. Anmerkung

1 Werner Brügel, Männer der Rakete, Leipzig 1933, S.52

2 Völkischer Beobachter (Berliner Ausgabe), 17. Juni 1944, Nr.1

3 Vgl. Ernst Heinkel, Stürmisches Leben, Stuttgart 1959, S. 427

4 Ebenda.

5 Ralf Schnabel, Die Illusion der Wunderwaffen, München 1994, S. 42

6 Ebenda.

7 Ebenda.

8 Vgl. Ralf Schnabel, Die Illusion der Wunderwaffen, München 1994, S. 49 f.

9 Ebenda.

10 Vgl. J. Richard Smith, Me 262 Konzepte und Entwicklung, Königswinter 1999, S. 36 ff.

11 Ebenda.

12 http://de.wikipedia.org/wiki/Bild:Messerschmitt_Me_262 (zuletzt aufgerufen am 11. Februar 2008)

13 Vgl. Ralf Swoboda, Flugzeuge und Hubschrauber der Luftwaffe, Stuttgart 2005, S. 437 ff.

14 http://www.kheichhorn.de/assets/images/Me-262_24.jpg (zuletzt aufgerufen am 11. Februar 2008)

15 Helmuth Erfurth, Messerschmitt 262, Bonn 2006, S. 11

16 Ebenda.

17 http://www.nurflugel.com/Nurflugel (zuletzt aufgerufen am 11. Februar 2008)

18 http://www.luftarchiv.de (zuletzt aufgerufen am 11. Februar 2008)

19 Ebenda.

20 Adolf Hitler, Mein Kampf, München 1933, S. 154

21 Albert Speer, Erinnerungen, Frankfurt a.M. 1976, S. 296

22 Vgl. Heinz Dieter Hölsken, Die V- Waffen, Stuttgart 1984, S. 87 f.

23 Heinz Dieter Hölsken, Die V- Waffen, Stuttgart 1984,
S. 35

24 http://de.wikipedia.org/wiki/Bild:V1-20040830.jpg
(zuletzt aufgerufen am 11. Februar 2008)

25 http://greyfalcon.us/picturesz/fi100.jpg
(zuletzt aufgerufen am 11. Februar 2008)

26 http://www.odkrywca.pl/forum_pics/picsforum13/fi_103.jpg
(zuletzt aufgerufen am 11. Februar 2008)

27 http://freenet-homepage.de/hobbywerker/v1anfl.jpg
(zuletzt aufgerufen am 11. Februar 2008)

28 Vgl. Heinz Dieter Hölsken, Die V- Waffen, Stuttgart 1984,
S. 17

29 Ebenda.

30 Vgl. Albert Speer, Erinnerungen, Frankfurt a.M. 1976,
S. 550

31 Heinz Dieter Hölsken, Die V- Waffen, Stuttgart 1984,
S. 19

32 Ebenda.

33 http://www.urbin.de/ (zuletzt aufgerufen am 11. Februar 2008)

34 Heinz Dieter Hölsken, Die V- Waffen, Stuttgart 1984,
S. 93

35 Ebenda.

36 www.lexikon-der-wehrmacht.de/Waffen/V2-R.htm
(zuletzt aufgerufen am 11. Februar 2008)

37 Walter Dornberger, V2 der Schuss ins Weltall, Esslingen 1952,
S.79.

38 Heinz Dieter Hölsken, Die V- Waffen, Stuttgart 1984,
S. 207

39 Ebenda.

40 http://www.marnach.info/feuerkraut/images/blitz.jpg
(zuletzt aufgerufen am 11. Februar 2008)

41 Jo Angerer, Chemische Waffen in Deutschland,
Darmstadt 1985, S.138

42 Jo Angerer, Chemische Waffen in Deutschland,
Darmstadt 1985, S 139

43 Ebenda.

44 Florian Schmaltz, Kampfstoff- Forschung im
Nationalsozialismus, Göttingen 2005, S. 23 ff.

45 Jo Angerer, Chemische Waffen in Deutschland,
Darmstadt 1985, S.141

46 Wolfgang Fleischer, Heeresversuchsstelle Kummersdorf,
Eggolsheim 2007, S. 98

47 Ebenda.

48 Ebenda.

49 Ebenda.

50 Heiner Gehring, Der Flugscheiben- Mythos,
Schleusingen 2001, S. 7

51 Ebenda.

8. Personenregister

9. Literatur- und Quellenverzeichnis

Literatur:

Adolf Hitler, Mein Kampf, München 1933

Albert Speer, Erinnerungen, Frankfurt a.M. 1976

Dr. Götz Dieckmann und Peter Hochmuth,
     KZ Dora- Mittelbau, Stuttgart 1959

Florian Schmaltz, Kampfstoff- Forschung im
     Nationalsozialismus, Göttingen 2005

Gerhard Kaiser, Sperrgebiet- Die geheimen
     Kommandozentrale in Wünsdorf, Berlin 1993

Heiner Gehring, Der Flugscheiben- Mythos
     Schleusingen 2001

Heinz Dieter Hölsken, Die V- Waffen, Stuttgart 1984

Helmuth Erfurth, Messerschmitt 262, Bonn 2006

Jo Angerer, Chemische Waffen in Deutschland,
     Darmstadt 1985

J. Richards Smith, Me 262 Konzepte und
     Entwicklung, Königswinter 1999

Manfred Griehl, Das geheime Typenbuch der
     Deutschen Luftwaffe, Wölfersheim 2004

Rainer Eisfeld, Mondsüchtig. Wernher von Braun und
     die Geburt der Raumfahrt aus dem Geist der
     Barbarei, Reinbek 1996

Ralf Schnabel, Die Illusion der Wunderwaffen,
     München 1994

Ralf Swoboda, Flugzeuge und Hubschrauber der
Luftwaffe, Stuttgart 2005
Völkische Beobachter (Berliner Ausgabe),
17. Juni 1944, Nr. 1
Walter Dornberger, V2 der Schuss ins Weltall,
Esslingen 1952
Werner Brügel, Männer der Rakete, Leipzig 1933
Wolfgang Fleischer, Heeresversuchsstelle
Kummersdorf, Eggolsheim 2007

Internet:

http://www.kheichhorn.de/assets
http://www.nurflugel.com/Nurflugel
http://www.luftarchiv.de
http://de.wikipedia.org
http://greyfalcon.us
http://www.odkrywca.pl
http://freenet-homepage.de/hobbywerker
http://www.urbin.de/
http://www.lexikon-der-wehrmacht.de/Waffen
http://www.marnach.info